Bibliothèque Générale de Cinématographie

CONFÉRENCES SUR LA CINÉMATOGRAPHIE
Organisées par le Syndicat
DES AUTEURS ET GENS DE LETTRES

DEUXIÈME CONFÉRENCE

Le Film
Cinématographique

Par **E. KRESS**

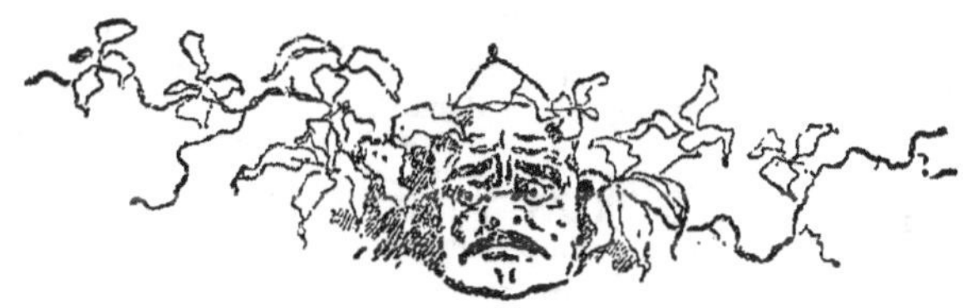

PARIS
COMPTOIR D'ÉDITION DE " CINÉMA-REVUE "
118, Rue d'Assas, 118

Dijon, Imp. Darantiere.

Le Film Cinématographique

Par E. KRESS

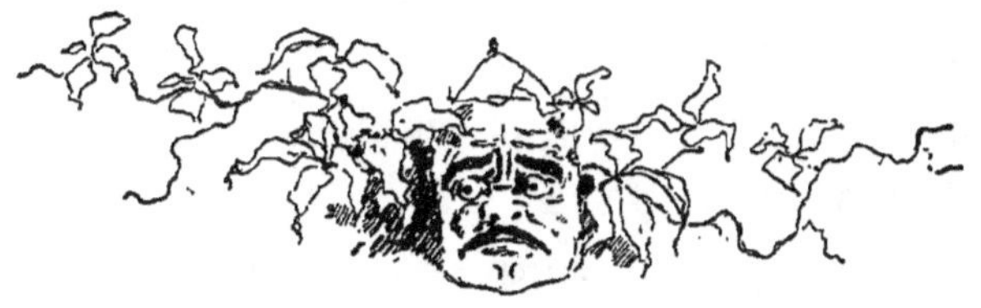

PARIS

COMPTOIR D'ÉDITION DE " CINÉMA-REVUE "

118, Rue d'Assas, 118

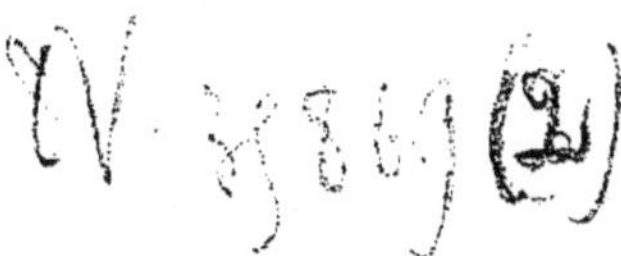

CONFÉRENCES

SUR LA

CINÉMATOGRAPHIE

DEUXIÈME CONFÉRENCE

LE FILM CINÉMATOGRAPHIQUE

De même que les auteurs littéraires ont grand inté-rêt à connaître sur quel papier, avec quels caractères seront imprimées leurs œuvres, de même auteurs et artistes du Film doivent désirer quelques renseigne-ments sur l'origine, la fabrication, la manipulation de la pellicule cinématographique.

L'idée de supports légers et souples remplaçant le verre, substratum ordinaire des préparations photo-graphiques sensibles destinées soit au tirage, soit à la projection, n'est pas nouvelle. Je fus, pendant plu-sieurs années, chargé, aux usines Lumière, de la fabri-cation des papiers pelliculaires et des plaques souples imaginés par M. Balagny. Comme c'est grâce à l'expé-rience acquise, aux recherches effectuées à l'occasion de cette fabrication, que l'industrie du film me fut rendue familière, je ne puis me dispenser de consacrer quelques mots à son sujet.

Le papier pelliculaire consistait essentiellement en un papier translucide talqué, sur lequel on avait étendu une légère pellicule de collodion à 1 0/0 de fulmi-coton, puis une émulsion. Le papier était du cuir végétal de la Maison Fortin. Ce papier coupé à la dimension voulue, était mis à tremper dans une cuve d'eau légèrement courante ; soigneusement égoutté il était reporté et collé à la colle de pâte sur une glace cirée. Le tout était séché à l'air libre pendant quelques jours, après avoir eu soin de ménager sur les coins de la glace, ainsi préparée, de fines ouvertures ; puis on procédait à l'opération du talquage, opération qui était l'objet de plus de soins qu'on ne l'imagine peut-être. Les glaces talquées étaient exposées dans un endroit très légèrement ventilé, puis soumises au collodionnage.

Pour cette opération on se servait d'une cuvette à bords peu élevés montée sur un pied articulé. L'habileté de l'étendage consistait à ne pas faire de stries et de bulles. Ces inconvénients étaient évités par l'emploi d'un petit pulvérisateur contenant un mélange d'éther-alcool. La glace ainsi préparée était portée à la machine à émulsionner et l'on coulait l'émulsion sans recourir à cette sous-couche spéciale dont on a parlé à propos de la fabrication de certaines pellicules. A un moment précis du séchage, que la pratique peut seule exactement déterminer, une grande quantité de vapeur d'eau était lancée dans le séchoir, on évitait ainsi le « retrait » de la gélatine et les plissements qui se seraient produits infailliblement entre les trois éléments qui constituaient le papier pelliculaire.

La plaque souple était fournie par un collodion dont la composition a souvent varié. Ces plaques étaient également coulées sur des glaces fortes et émulsionnées de la même façon que le papier pelliculaire ; toutefois le collodion n'était pas étendu à la cuvette mais au moyen d'une petite machine entraîneuse sur courroies, que l'on tournait à la main. Avant l'émulsionnage, les glaces étaient placées dans de grandes boîtes en zinc où l'on pulvérisait tour à tour de l'éther et de l'alcool, ou le mélange des deux liquides.

Sans vouloir défendre les papiers pelliculaires contre l'accusation de défaut de translucidité qu'on a portée contre eux, je remarquerai : 1° que leur conservation à l'état sensible, lorsqu'ils étaient bien préparés, était supérieure à celle de la pellicule ; 2° et c'est là une propriété que nous mettrons à profit : ils étaient exempts de halo.

Quoiqu'il en soit, lorsque M. Planchon apporta de Boulogne la pellicule auto-tendue, l'atelier des plaques souples fut fermé et une grande usine fut installée dans les locaux occupés à Monplaisir par les indus-

triels Chameroy. L'étendage se fit sur *tables* et l'émulsion fut apportée des Usines Lumière. Bientôt après
une nouvelle usine fut installée par M. Planchon près
de Lyon, à Feysin, mais cette usine fut plus spéciale-
ment destinée à des applications industrielles du Celluloïd (paillettes, etc.).

Pendant quelque temps et, peut-être à cause du litige
avec la Compagnie Eastman au sujet du droit d'enrou-
lement de la pellicule sur des bobines, M. Girel
dirigea une petite usine de manutention dont les
conditionnements portaient du reste son nom. M. Girel
apporta, touchant les conditions matérielles où doivent
s'effectuer les opérations du découpage et du bobinage
des pellicules, de très heureuses modifications. Il
est regrettable que des événements en dehors de sa
volonté aient tout d'un coup fait disparaître une marque
à laquelle le travail et la sagacité de M. Girel avaient
conquis un renom mérité.

Le support « collodion » a fait, dans l'industrie de
la pellicule, place au support « celluloïd » qui, lui-
même, sera bientôt supplanté par le support « viscoïd ».

La *Parkésine*, inventée par Parkes de Birmingham,
il y a environ cinquante ans, précéda le celluloïd. La
Parkésine était obtenue en dissolvant du fulmicoton
dans du naphte de bois. Mais cette matière manquait à la
fois et de souplesse et de transparence. Parkes y ajouta
de l'huile de ricin, de l'huile de coton, puis il modifia

sa formule en substituant la laine-collodion au fulmicoton. La laine-collodion était dissoute dans l'alcool
méthylique et additionnée d'huile tenant en suspension
du chlorure de soufre (huile vulcanisée) et de 2 à 10 0/0
d'huile de ricin suivant le degré d'élasticité dé-
siré. Le prix élevé de la Parkésine la fit abandonner
pour le celluloïd des frères Yatt de l'état de New-Jersey.
Le collodion avait servi de base à leurs recherches.
Leur découverte reposait sur celle des propriétés du
camphre.

Le camphre utilisé dans la fabrication du celluloïd
est le produit résultant de la distillation du bois d'une
Laurinée de Chine et du Japon : le Laurus Camphora.
On trouvera dans les ouvrages de chimie tous les
renseignements nécessaires sur le camphre et ses propriétés générales. De ses propriétés, nous retiendrons
seulement que ses solvants sont ceux des résines (alcool,
éther, acétone, esprit de bois, sulfure de carbone,
huile) et que, peu soluble dans l'eau, sa solubilité
augmente en présence du sublimé corrosif.

On sait que le camphre pur placé à la surface de
l'eau, est animé d'un mouvement de giration. Si l'on
frotte avec du camphre la paroi d'une soucoupe, l'eau
est comme repoussée des places ainsi traitées. C'est
sans doute là une des raisons de l'imperméabilité du
celluloïd. Nobel avait indiqué que les produits so-
lubles dans la nitro-glycérine (acétone, benzine, nitro-

benzine) la transformaient en explosif de sûreté. Trauzl démontra que le camphre jouait le même rôle. Les fluctuations qui influent sur le marché, sur le prix du camphre, ont dirigé les recherches des chimistes vers la réalisation de la synthèse de ce produit à partir du Bornéol ou plus exactement du camphène donnant un acétate d'isobromyle que l'on saponifie et vers des succédanées, dont la plus remarquable est l'acétanilide. Mais ce produit donne un celluloïd peu transparent, poisseux et jaunâtre.

La *cellulose*, base du fulmicoton, constitue, comme on sait, la partie principale des végétaux ; on la remarque, à l'état presque pur, dans le duvet du cotonnier, dans la moelle du sureau et de certains joncs, dans le chanvre et le lin travaillés.

De toute la chimie de la cellulose nous ne retiendrons que l'action exercée sur elle par certains solvants. Non seulement elle se dissout aisément dans la solution ammoniacale d'oxyde de cuivre et dans le réactif cuprique de Sweitzer, mais elle est attaquée, sinon dissoute, par les solutions de sels métalliques qui mettent l'acide chlorhydrique en liberté (chlorures d'étain et de bismuth). Il en est de même avec les dérivés alkylés, les bromures et iodures alcalins. La cellulose n'est au contraire pas altérée en présence des chlorures d'or, de platine, de palladium, d'argent. Ces altérations se produisent d'autant plus facilement que la cellulose est engagée en des combinaisons nitrées. Ces observations nous conduisent à désirer, pour les films positifs, la substitution des méthodes de virages aux sels précieux aux méthodes de développements où l'on introduit non seulement des composés haloïdes, mais encore des composés sulfités qui ont une action notable de décomposition sur les produits nitrés (procédés de dénitration). Les nitrocelluloses ne sont pas, en effet, de simples dérivés nitrés : ce sont des éthers nitriques de la cellulose et comme tels soumis à tous les phénomènes de saponification.

La nitro-cellulose employée à la fabrication du celluloïd pour pellicules est une tetranitrocellulose qui diffère des autres nitrocelluloses plus élevées, par sa facile solubilité dans le mélange éther-alcool (laine collodion de Schering). Le coton-poudre fut découvert en 1846 par Schonbein de Bâle. Le procédé Lenck et le procédé Abel sont à la base de tous les procédés actuels de fabrication du fulmicoton. Le coton-poudre pour celluloïd destiné aux pellicules photographiques est fabriqué de la façon suivante :

On prépare, la veille de l'opération, le mélange :

        Acide nitrique (D 1,43) . . . . . . 7 parties
        Acide sulfurique (D 1,84) 9   —

Ce mélange acide est alors placé dans une sorte de vase tronconique disposé au-dessous d'une hotte de

tirage munie d'une grille de plomb à hauteur d'homme.
Le récipient tronconique plonge dans une sorte de bain
d'air chaud qui porte sa température entre 40 et 50°. Le
coton bien dégraissé et lavé, et surtout bien sec est pro-
jeté par petites portions dans le bain acide. Il y séjourne
5 à 8 minutes ; au moyen d'une fourche de plomb l'ou--
vrier rejette le coton nitré sur la grille dont il a été
parlé. On lave le produit d'abord à une eau légèrement alcaline puis à l'eau courante et on porte à sécher
dans des sortes de placards chauffés à 40° par un cou-
rant d'air chaud.

Il existe beaucoup d'autres procédés (Besancele,
Mowbray qui traite le papier en rouleaux) ; qu'il nous
suffise de savoir que le celluloïd pour pellicules contient une dose relativement élevée de camphre dissout
dans l'alcool méthylique additionné ou non de faibles
proportions d'alcool amylique et de baumes (Copahu,
etc.), que l'on substitue avec avantage à l'huile de
ricin classique. Par un procédé spécial, en partant de
la celloïdine, on peut préparer des pellicules d'excel-
lente qualité. L'étendage se fait sur table ou en con-
tinu avec des machines spéciales qui ne sont pas sans
inconvénients. Une des premières usines de production
de la pellicule fut l'usine Blair, en Angleterre. L'usine
Eastmann dont la renommée est mondiale est installée
entre Rochester et le lac Ontario dans une merveilleuse
situation climatérique.

Agfa de Berlin, Schleussner de Francfort et Grepin ont acquis une place enviable sur le marché du film.

Nous réserverons une ou deux leçons à l'étude des manipulations que subit le film, aux méthodes de développement, de teintage, de virage. Disons, dès maintenant, que nous serions partisans du film teinté pour la même raison que l'on teinte en mauve les papiers au citrate. Cette teinte retardant, en effet, pour l'œil, l'apparition de la désagréable couleur jaunâtre qui ne tarde pas à se manifester dans tous les papiers de cette nature plairait aux yeux sans nuire à la valeur et à la profondeur de la projection. Du reste c'est là un fait d'expérience qui n'est pas nouveau ; il est étrange qu'on ne s'y soit pas encore référé.

Il n'est pas inutile de rappeler les procédés généraux d'analyse du celluloïd. Il ne s'agit ici que de l'analyse qualitative, l'analyse quantitative étant non seulement très délicate, mais incapable de rien nous apprendre sur la nature des réactifs qui dissocient le celluloïd. En traitant le celluloïd finement broyé, par l'éther, le chloroforme, on dissout la nitrocellulose, les huiles et les baumes, le camphre et la paraffine ; les éléments minéraux (borate de plomb, phosphates ammoniacaux, sels d'étain, etc.) restent comme résidus. Si l'on traite à 100° la solution par une solution concentrée et chlorhydrique de chlorure ferreux, il se dégage des vapeurs nitreuses, il se forme du chlorure de fer et il se dépose de la cellulose amorphe. Au lieu de chlorure ferreux on peut employer une solution alcoolique de sulfure de sodium. L'analyse par le chlorure ferreux permet en même temps de doser l'azote à l'état de bioxyde. Le camphre est dosé par entraînement à la vapeur d'eau. Les matières grasses le sont, après lessivage à l'eau distillée qui entraîne le camphre, par saponification à la potasse caustique.

Ce rapide exposé nous montre que le celluloïd est attaqué non seulement par le sulfure de sodium (virage par sulfuration) mais par le sulfite de soude des révélateurs. Il ne faut pas oublier, en outre, qu'une température élevée, comme celle émise par les sources de lumière des différents appareils projecteurs, fait perdre au celluloïd ses qualités de souplesse et de transparence. On peut y remédier en traitant le film altéré par une solution alcoolique de camphre.

On a cherché à diminuer la grande inflammabilité du film.

A cette fin, Stocker, de Paris, a préconisé la formule suivante :

Nitrocellulose	100
Camphre	400
Protochlorure d'étain	70
Alcool	100

On peut également préparer la pellicule à partir de la formule :

Nitro-cellulose 10
Acétate d'amyle. . . . . 25 à 30
Alcool amylique. . . . . 30 à 25
Huile de cèdre . . . . 3 à 5
Benzine légère . . . . 1 à 2

Mais les produits qui ont donné les meilleurs résultats sont la viscose et ses similaires (cellite, etc.).

La viscose est le sulfo-carbonate de cellulose de Cross et Bevan.

Sa préparation comprend deux phases :

1° Préparation de l'alcali-cellulose par l'action de la soude caustique sur la cellulose (pâte à papier). Cette action peut être précédée de celle des acides chlorhydrique ou sulfurique à 2 0/0 ;

2° Traitement de l'alcali-cellulose par le sulfure de carbone ou par les chlorures du Méthane.

La viscose est décolorée par l'acide carbonique ou par l'acide acétique ou encore par l'anhydride sulfureux, par le sulfite de soude, par précipitation au chlorure de sodium ou à l'alcool et redissolution dans l'eau, enfin par coagulation calorifique en présence du sel marin.

La viscose sert à préparer le viscoïd, qui sera précisément le support pelliculaire. Le viscoïd est obtenu par décomposition de la viscose étendue sur des plaques de verre que l'on porte à 70° ou 80° ; la pellicule se détache en plongeant la plaque de verre dans l'eau. Les feuilles obtenues sont purifiées par lavage aux acides étendus, à l'hypochlorite ou au carbonate alcalins.

Les inconvénients de la viscose sont :

Son instabilité et le retrait du produit viscoïd pendant la dessication. On a été ainsi conduit à envisager la fabrication et l'application des éthers de la cellulose : acétate, butyrate, et acéto-butyrate de cellulose suivant la formule :

$$C^6H^{10}O^5 + Mg(C^2H^3O^2)^2 + 2CH^3COCl = C^6H^6O^5(C^2H^3O)^4 + MgCl^2 + H^2O$$

cellulose + acétate de magnésium   chlorure d'acétyle   acétate de cellulose.

Pour cette réaction on emploiera la cellulose régénérée de la viscose. On peut aussi partir d'un hydrate de cellulose provenant de la précipitation d'une solution zincique de cellulose, la cellulose non transformée étant enlevée par lavage ou dissolution dans l'acétate d'éthyle. L'acétyl-butyrate de cellulose est tremarquable par sa solution dans l'acétone sans résidu.

Les éthers de la cellulose ne sont pas explosibles, ils sont peu combustibles. Le tétracétate qui, au point de vue photographique est le plus important, est facilement soluble dans le chloroforme, l'acide acétique cristallisable et dans la nitrobenzine. Les pellicules obtenues peuvent être étendues très minces, elles sont très transparentes, imperméables à l'eau. L'acide nitrique seul attaque le tétracétate.

Les solutions alcalines sont sans action sur lui. Il

résiste bien à la chaleur : son point de fusion est à 210°. Le butyrate de cellulose présente les mêmes propriétés mais il est soluble dans l'éther acétique et dans l'acétone.

En France, la Compagnie parisienne de Cellulose fabrique un acétyl-cellulose remarquable. Cette société fait du reste échange de brevets avec la Société Bayer qui a mis en exploitation un appareil de filtration des acétates de cellulose remarquable.

Le cadre restreint de cette conférence ne nous permet qu'une simple mention des films-papier et des films-gélatine. Nous pouvons conclure en disant que les dangers d'incendie par la pellicule nous semblent bien près d'être définitivement conjurés.

C'était là un progrès attendu.

On sait que la pellicule arrivait difficilement en bon état en Extrême-Orient. Au Japon, pays du Camphre, viennent de s'installer deux importantes usines de celluloïd. L'une à Aboski dirigée par un Suisse, M. Klein ; l'autre à Sakai, sur les bords du Yamato (Compagnie Mitsu Bishi), sera dirigée par un ingénieur américain.

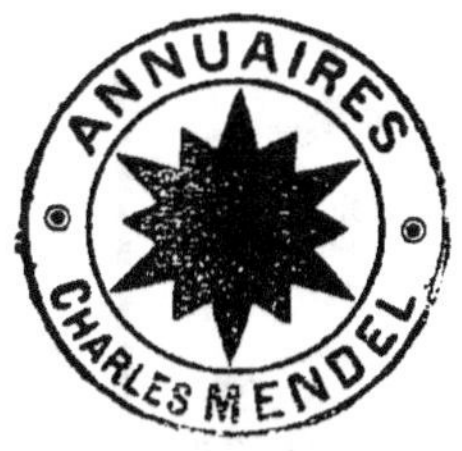

" CINEMA "

ANNUAIRE DE LA PROJECTION
FIXE ET ANIMÉE

PARIS — 118, rue d'Assas — PARIS 6e
TÉLÉPHONE : 811-90.

Cet ouvrage comporte :

1º Une *Liste générale* de toutes les personnes appartenant à la corporation cinématographique, classées par ordre alphabétique, avec leur profession principale, l'adresse complète, le numéro de téléphone, l'adresse télégraphique, etc...;

2º Une liste de tous les *Fabricants et Négociants* d'articles de projections fixes ou animées, classés par chapitres (250) en cinq langues : Français, Anglais, Allemand, Italien et Espagnol (Voir au dos la liste des chapitres);

3º Une liste des *Marchands de Fournitures cinématographiques*, avec leur adresse ;

4º Une liste des *Exploitants* du Cinématographe, classés par ordre alphabétique, avec leur adresse ;

5º Une liste des *Opérateurs*, classés par ordre alphabétique, avec leur adresse ;

6º Une liste générale de *Marques* ou *Noms* donnés aux appareils : lanternes, films, accessoires ou produits employés en cinématographie, avec indication de la Maison qui fournit ces articles ;

7º Un Calendrier des *Foires* et *Fêtes patronales* avec les renseignements nécessaires aux Exploitants désireux d'installer un Cinématographe ;

8º Un Aide-Mémoire de l'opérateur cinématographique ;

9º Des Renseignements industriels et commerciaux.

Toute personne appartenant à la corporation cinématographique a droit GRATUITEMENT à ses NOM et ADRESSE :

1º *A la Liste générale alphabétique;*
2º *Au Chapitre se rapportant à sa profession;*
3º *A la suite de chacune de ses marques ou spécialités.*

0.60 le Volume

PETITE BIBLIOTHÈQUE DE LA PHOTO-REVUE

Série bleue

1° Exécution des Fonds d'atelier 0.60
2° Construction des Accessoires de pose 0.60
3° La Sténopé-Photographie 0.60
4° Les Objectifs anachromatiques 0.60
5° La Photographie à l'huile 0.60
6° Le Procédé Ozobrome 0.60
7° Procédé simplifié de Photo-Céramique. . . . 0.60
8° Traitement des Résidus photographiques. . . 0.60
9° La Photo-peinture des Paysages. 0.60
10° Emploi des Plaques autochromes 0.60
11° Les Agrandissements sur Papiers pigmentaires 0.60
12° La Photo-sculpture pour tous. 0.60
13° Le Diamidophénol acide en Photographie . . 0.60
14° L'Arbre dans le Paysage 0.60
15° Les Produits photographiques 0.60
16° Le Photo-Vitrail 0.60
17° Exécution des petits Clichés 0.60
18° Les Effets d'éclairage dans le Portrait . . . 0.60
19° Utilisation des petits Clichés 0.60
20° Les Clichés pelliculaires. 0.60
21° La Photographie en Ballon. 0.60
22° La Photogravure simplifiée. 0.60
23° Groupes et Sujets de genre 0.60
24° La Photographie sans Laboratoire. 0.60
25° Les Epreuves au bichromate par teinture . . 0.60

HEBDOMADAIRE   LA   **24° ANNÉE**

PHOTO-REVUE

est le seul Journal Photographique

QUI PARAISSE TOUTES LES SEMAINES

ELLE EST EN VENTE PARTOUT

Chez les Libraires, dans les Gares, les Kiosques

et dans beaucoup de Maisons de fournitures

Chacun de ses numéros contient : Articles de fond. — Recettes. — Procédés. — Nouveautés. — Récréations. — Offres et Demandes. — Echos.

Elle renseigne gratuitement tous ceux qui font appel aux connaissances spéciales de ses rédacteurs.